Pfarrer-Witze

EDITION XXL

Verkündet der Pfarrer:
„Unser Organist ist heute leider verhindert.
Daher stimme ich jetzt
das Lied 140 an,
danach fällt die ganze Kirche ein!"

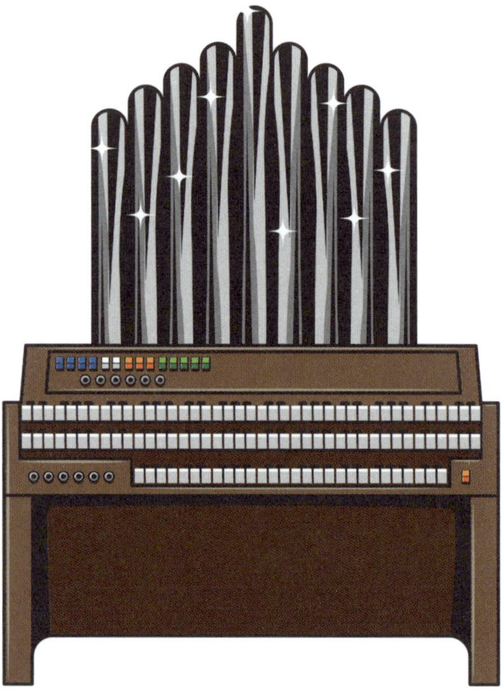

Wie vermehren sich
Nonnen und Mönche?
Durch Zellteilung.

Jesus kommt erneut
auf die Erde hernieder.
Um eine Gruppe Ungläubiger
von seiner Identität
zu überzeugen, versucht er,
über das Wasser zu gehen –
und geht prompt unter.
Zurück im Himmel fragt er Gott,
wieso er dieses Mal untergegangen sei,
worauf Gott antwortet:
„Beim ersten Mal hattest du
keine Löcher in den Füßen.“

Der Pfarrer entdeckt
in einem Schrank
in der Sakristei ein
Paar Schlittschuhe:
„Wem gehören die?“,
fragt er streng
die Ministranten.
Antwortet einer der Jungen:
„Vermutlich den Eisheiligen.“

Nach der Weihnachtspredigt
beschwört der Pfarrer
seine Gemeinde: „Wenn jetzt
gleich der Klingelbeutel
durch die Reihen geht,
möchte ich kein Klimpern hören,
nur leises Knistern …“

Der Pfarrer zu der jungen Frau,
die gerade gebeichtet hat:
„Wende dich vertrauensvoll
an die Mutter Gottes,
die empfangen hat,
ohne zu sündigen."
Erwidert die Angesprochene:
„Gut und schön,
ich würde aber lieber wissen,
wie man sündigt, ohne zu empfangen ..."

Fragt der Pfarrer im Religionsunterricht:
„Wisst ihr eigentlich, warum
die Osterbotschaft zuerst
den Frauen verkündet wurde?"
„Ist doch klar, Herr Pfarrer,
damit sie sich schneller herumspricht."

Voller Inbrunst predigt der Pfarrer
über den Sinn und die Freuden der Ehe.
Beim Verlassen der Kirche unterhalten
sich zwei Gottesdienstbesucher:
„Schön hat der Herr Pfarrer gesprochen."
Erwidert der andere:
„Ja, sehr schön. Ich wünschte nur,
ich hätte von der Sache
genauso wenig Ahnung wie er."

Der Gefängnispfarrer zu seinem
langjährigen Schützling bei dessen
Entlassung: „Ich helfe Ihnen gern,
sich da draußen ein neues Leben
aufzubauen." Darauf der Ex-Häftling:
„Das ist sehr freundlich, Herr Pfarrer,
aber auch Taschendiebstahl
will gelernt sein."

... ERKLÄRE ICH SIE ZU MANN UND FRAU. SIE DÜRFEN IHREN STATUS JETZT ÄNDERN.

Der Pfarrer während
des Hochzeitsgottesdienstes:
„Wir singen das Lied ‚Schaffet, schaffet,
Menschenkinder' – vor der Trauung
1 bis 3, danach 4 bis 6."

Welchen Beruf hatte Jesus?
Er war Student –
mit 30 wohnte er
immer noch zu Hause,
hatte lange Haare, und
wenn er etwas getan hat,
dann war es ein Wunder.

„Ich habe meiner Schwiegermutter gesagt, was ich wirklich über sie denke", berichtet ein Mann bei der Beichte. Darauf der Priester: „Mein Sohn, hier geht es um deine Verfehlungen, nicht um Heldentaten."

Als Moses vom Berg Sinai herabstieg, verkündete er: „Ich habe eine gute und eine schlechte Nachricht. Die gute ist: Ich konnte ihn auf zehn Gebote runterhandeln. Die schlechte: Ehebruch ist immer noch dabei!"

Eine Frau kommt an
die Himmelspforte und berichtet Petrus:
„Ich habe mein ganzes Leben lang
keinen Alkohol getrunken,
keine Zigaretten geraucht,
keine wilden Partys gefeiert und
keinen Geschlechtsverkehr gehabt."
Darauf Petrus: „Komm herein,
wir werden passende Flügel suchen."
Die Frau begeistert: „Ich darf zukünftig
also als Engel umherfliegen?"
„Nein", antwortet Petrus barsch,
„als dumme Gans!"

Wie konnte Gott die Erde
in nur sieben Tagen erschaffen?
Er war nicht auf
Handwerker angewiesen.

Die Trauergemeinde steht
am Grab der resoluten Frau Ziegler.
Der Pfarrer spricht gerade das Gebet,
als sich mit Blitz und Donner
ein Gewitter entlädt.
Darauf der wenig trauernde Witwer:
„So, wir können gehen,
sie ist oben angekommen."

Der Heilige Geist braucht Urlaub.
Da schlägt Petrus ihm eine
Erholungsreise auf die Erde vor.
Der Heilige Geist wehrt erschrocken ab:
„Bloß nicht. Vor 2000 Jahren hatte ich
da mal eine Affäre mit einer Jüdin und
noch heute sprechen die Leute davon."

Ein katholischer Pfarrer,
ein evangelischer Pfarrer und ein Rabbi
kaufen sich ein neues Auto.
Am nächsten Samstag sieht der Rabbi,
wie die beiden Pfarrer einen Eimer Wasser
über ihre neuen Fahrzeuge kippen
und stolz anfangen, sie zu waschen.
Daraufhin geht der Rabbi in die Werkstatt
und beginnt, ein Stück vom Auspuff
abzusägen. Auf die Frage seiner Frau
antwortet er: „Wenn die beiden ihre Autos
taufen können, kann ich meines
auch beschneiden."

Wie lautet die Internetadresse
des Papstes?

Urbi@orbi

Bei der Beichte bekennt einer der Ministranten: „Ich habe begehrt meines nächsten Weib."
„Wie denn das?", fragt der Pfarrer schockiert.
„Die Mutter von Bernhard backt einfach bessere Kuchen als meine."

Der Witwer zum Pfarrer: „Ich möchte, dass meine Frau auf dem Bauch liegend begraben wird."
„Warum das denn?", erkundigt sich der Pfarrer. „Sollte sie scheintot sein, gräbt sie nach unten!"

Ein Katholik, ein Protestant
und ein Jude erhalten gemeinsam
eine Audienz beim Papst.
Dieser wendet sich zuerst
an den Katholiken:
„Da du unserer Kirche angehörst,
erlaube ich dir,
meine Hand zu küssen.“
Als Nächstes wendet er sich
dem Protestanten zu:
„Auch du bist ein Christ,
deshalb darfst du
meine Füße küssen.“
Daraufhin verlässt der Jude
den Raum und murmelt:
„Dann weiß ich ja,
was ich küssen darf …“

Verzweifelt fleht der Rabbi zu Gott: „Mein Sohn ist Christ geworden. Was soll ich nur tun?“ Antwortet dieser: „Mach es wie ich, lass ein neues Testament schreiben.“

Drei katholische Mütter
unterhalten sich beim Kaffeeklatsch
über ihre Söhne.
Prahlt die erste:
„Mein Sohn ist Priester.
Immer wenn er einen Raum betritt,
reden die Leute ihn mit ‚Hochwürden' an."
Entgegnet die zweite:
„Mein Sohn ist Bischof.
Betritt er einen Raum,
sprechen ihn die Anwesenden ehrfurchtsvoll
mit ‚Eure Exzellenz' an."
Schließlich berichtet die dritte:
„Also mein Sohn ist ein 1,90 Meter großer,
gut gebauter und gut aussehender
Stripper. Und wenn er
einen Raum betritt, kreischt die Menge:
‚Oh mein Gott!'"

OH VIELEN DANK! DAS IST GELEBTE NÄCHSTENLIEBE, MEIN BRUDER.

In den Kirchturm hat
der Blitz eingeschlagen.
Um für die Reparatur zu sammeln,
zieht der Pfarrer von Haus zu Haus.
Alle geben reichlich, bis auf Herrn Bauer.
Als der Pfarrer nach dem Grund für
seine Weigerung fragt, antwortet dieser:
„Ich spende doch nicht für jemanden,
der sein eigenes Haus anzündet.“

Jesus hatte doch eine Geliebte.
In der Bibel heißt es:
„Er ging durch die Wüste und
eine lange Dürre folgte ihm …“

Ein Pfarrer macht eine Wallfahrt
nach Lourdes und zündet dort
für ein kinderloses Paar seiner Gemeinde
eine Kerze an. Als er einige Jahre später
die beiden besucht, öffnet ihm
ein kleines Mädchen. „Na, meine Kleine
ist die Mama zu Hause?"
Antwortet das Mädchen:
„Die ist im Krankenhaus. Wir bekommen
ein viertes Geschwisterchen."
„Und der Papa?"
„Der ist nach Lourdes gefahren,
um die Kerze auszublasen."

„Weißt du eigentlich,
was mit kleinen Jungen
passiert, die am
Sonntagmorgen nicht
in die Kirche gehen
und stattdessen lieber
Fußball spielen?“,
versucht der Pfarrer den kleinen
Johannes einzuschüchtern.
Entgegnet dieser unbeeindruckt:
„Klar, sie spielen später
in der Bundesliga
und verdienen Millionen.“

Wer hatte laut Bibel
den größten Hintern?
Joseph, denn der Pharao setzte
ihn über ganz Ägypten.

Ein Rabbi und ein katholischer Pfarrer gehen an einem heißen Sommertag spazieren. Als sie an einem Weiher vorbeikommen, beschließen sie, eine Runde zu schwimmen – nackt, da keiner von beiden eine Badehose dabeihat. Als sie schließlich erfrischt aus dem Wasser steigen, kommt eine Wandergruppe aus der Nachbargemeinde vorbei. Schnell bedeckt der Rabbi mit den Händen sein Gesicht, der Pfarrer seine Genitalien. Auf die Frage des Pfarrers, warum der Rabbi nicht auch seinen Unterleib bedeckt habe, antwortet dieser: „Also meine Gemeinde erkennt mich am Gesicht …“

An der Kirchentür hängt ein Schild:

Bist du der SÜNDE müde, komm herein.

Darunter steht mit Lippenstift:

Wenn nicht, ruf mich an. Tel. 0174-696969

Der Papst zu seinen Kardinälen:
„Ich habe eine gute und eine
schlechte Nachricht.
Zuerst die gute:
Gott hat mich angerufen,
um mir mitzuteilen, dass er
wieder auf Erden weilt.
Die schlechte Nachricht ist,
es war ein Ferngespräch
aus Mekka.“

„Mutter Oberin, ein Mann ist im Kloster!“,
ruft die Nonne völlig aufgebracht.
„Wie kommen Sie darauf,
Schwester Theodora?“, erkundigt sich
die Oberin. „Haben Sie ihn gesehen?“
„Das nicht, aber die Klobrille
ist hochgeklappt.“

HOPPLA!

Eine Frau kommt zum Pfarrer und fragt:
„Kann ich meine verstorbene Katze
nicht auf unserem Friedhof beerdigen?"
„Ausgeschlossen", lehnt der Pfarrer ab.
„Aber ich würde auch 1000 Euro für
unsere Kirche spenden", bietet die
Frau verzweifelt an.
„Es war doch bestimmt eine
katholische Katze", überlegt der Pfarrer.
„Dann geht das in Ordnung."

Wie lautet der vatikanische Gruß?
Verhüt's Gott.

Der Pfarrer
zur Gemeinde:
„Neuesten Forschungen zufolge
werden sämtliche Engelsgewänder
mit seidenen Schleifen gebunden,
sodass sich der Einwurf von Knöpfen
in den Opferstock ab sofort erübrigt …“

Adam unterhält sich mit
dem lieben Gott und fragt:
„Lieber Gott, warum hast du Eva
so schön gemacht?“
Antwortet Gott: „Damit du sie liebst.“
„Aber warum hast du sie gleichzeitig
so dumm gemacht?“, fragt Adam weiter.
„Damit sie dich liebt!“

„Ich habe seit Wochen unerträgliche Kopfschmerzen“, klagt der Pfarrer dem Arzt sein Leid.
„Wahrscheinlich essen Sie zu viel und zu fett“, mutmaßt der Doktor.
„Das kann nicht sein, ich halte strenge Diät“, entgegnet der Pfarrer.
„Dann trinken Sie zu viel Wein.“
„Keineswegs, nur Wasser.“
„Aber Sie rauchen bestimmt …“
„Ich habe mein ganzes Leben noch nie ein Gramm Tabak angerührt.“
„Dann kann es nur einen Grund für Ihre Schmerzen geben: Ihr Heiligenschein drückt!“

Wer war der erste Verkehrssünder?
Jesus, er hatte zwölf Anhänger.

Zwei Pfarrer tauschen ihre Erfahrungen aus. Meint der eine: „Also bei dem, was man bei der Beichte manchmal so zu hören bekommt, geht einem ja der Hut hoch." Entgegnet der andere: „Typischer Anfängerfehler – den Hut niemals auf den Schoß legen …"

VERDAMMT ... DAS IST ABER WIRKLICH EIN TEUFLISCHER VIRUS ...
VIRUS

Petrus und Gott spielen Golf. Gott gelingt ein perfekter Abschlag, doch als der Ball in Richtung Loch rollt, kriecht eine Maus daraus hervor und stoppt den Ball. Kurz darauf erscheint eine Katze, fängt die Maus samt Ball und läuft in Richtung Loch. Da stürzt sich ein Adler auf die Katze, packt diese und schwingt sich mit ihr in den Himmel empor. Dort wird der Adler von einem Blitz getroffen, sodass der stolze Vogel samt Katze und Maus zu Boden fällt und der Golfball schließlich ins Loch rollt. Darauf Gott zu Petrus: „Also, spielen wir jetzt Golf oder albern wir herum?“

Schimpft der Angler:
„Es ist mir scheißegal, wer dein Vater ist, solange ich hier angle, läufst du nicht übers Wasser und verscheuchst die Fische."

Im Klostergarten sieht der Bischof eine Nonne, die einen Kinderwagen vor sich herschiebt. Scherzhaft fragt er: „Handelt es sich dabei um ein kleines Klostergeheimnis?" Erwidert die Nonne: „Nein, Exzellenz, um einen Kardinalfehler."

Ein Pfarrer und ein Busfahrer treffen gleichzeitig an der Himmelspforte ein. Dort nimmt Petrus den Busfahrer freundlich in Empfang und geleitet ihn in den Himmel, woraufhin der Pfarrer sich bitterlich beschwert: „Hätte nicht mir als Diener des Herrn der Vortritt gebührt?" Daraufhin erwidert Petrus lächelnd: „Wenn du gepredigt hast, sind die Kirchgänger eingeschlafen. Aber wenn er seinen Dienst versehen hat, haben alle Fahrgäste inbrünstig gebetet."

Ständig werden dem Pfarrer die Kirschen aus dem Pfarrgarten gestohlen. Schließlich stellt er ein Schild auf, auf dem zu lesen ist:
„Gott sieht alles!"
Am nächsten Morgen steht darunter:
„Aber er petzt nicht."

Wie lautet die Telefonnummer Gottes?
50 15. Denn in Psalm 50, 15 steht:
„Rufe mich an in der Not ..."

„Da soll noch mal jemand sagen:
‚Esst mehr Obst, das ist gesund'",
brummte Eva verdrießlich, als sie und
Adam vom Engel mit dem flammenden
Schwert aus dem Paradies vertrieben wurden.

Ein Stahlmagnat kommt in die Hölle.
Wenige Tage später steht der Teufel
vor Petrus und bittet flehentlich:
„Könnt ihr den nicht aufnehmen?
Er hat schon drei Öfen stillgelegt."

Luise kommt aus dem Kindergottesdienst. „Worum ging es denn heute?“, erkundigt sich ihre Mutter. „Um die Sünde“, antwortet Luise. „Und was hat der Pfarrer gesagt?“ „Er war dagegen.“

Der Pfarrer möchte seine Predigt über die eheliche Treue besonders anschaulich gestalten und verwendet folgendes Bild: „Die schlechten Männer sind wie Streichhölzer, die überall Feuer fangen, während die guten nur an der eigenen Schachtel entflammen.“

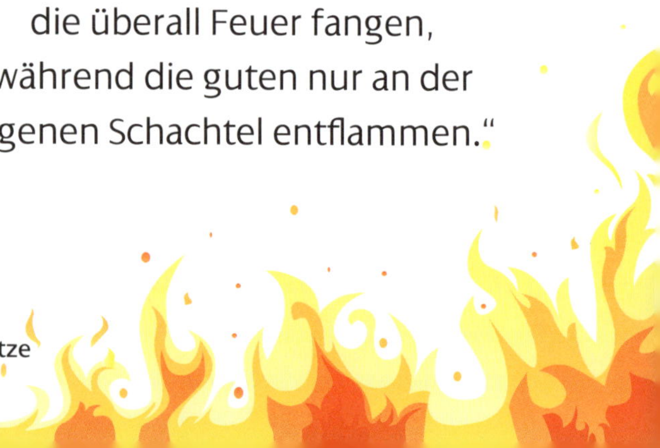

ACH DU HEILIGE SCHEISSE! OH HERR, VERGIB MIR MEINE SÜNDEN ...
BIBEL

Wie heißt der Teufel mit Vornamen?
Pfui!

Zwei Pfarrer treffen sich
und der eine klagt: „Schlechte Zeiten –
keine Hochzeiten, keine Bestattungen …“
„Ich weiß“, stimmt der andere zu,
„und wenn man nicht ab und zu
unter die Leute ginge, gäbe es
auch keine Taufen mehr.“

Im Himmel sind Wahlen und natürlich wählen alle – wie sich das gehört – eine der beiden christlichen Parteien. Nur einer hat seine Stimme für die Sozialisten abgegeben. Nach einer längeren Untersuchung glaubt Petrus, den Sünder gefunden zu haben, und zitiert Josef, den Patron der Werktätigen, zu sich.
„Hast du die Sozialisten gewählt?“, fragt Petrus ihn.
„Natürlich war ich das“, erklärt Josef trotzig.
„Und wenn ihr hier keine Opposition zulassen wollt, nehme ich meine Frau und mein Kind und gehe. Dann könnt ihr den Laden dichtmachen!“

Beim Grenzübertritt wird
auch der Pfarrer kontrolliert.
Und als er den Kofferraum seines
Wagens öffnet, kommen prompt
mehrere Flaschen mit verdächtigem
Inhalt zum Vorschein.
Gefragt, worum es sich dabei handle,
antwortet der Pfarrer:
„Das ist heiliges Wasser von
der Quelle in Lourdes."
Misstrauisch öffnet der Zöllner eine
der Falschen und schnuppert daran.
„Sie wollen mich wohl veralbern.
Das ist Schnaps!"
Darauf ruft der Pfarrer:
„Gott sei gesegnet,
schon wieder ein Wunder!"

Ein katholisches Nonnenkloster soll aufgelöst werden und die Oberin fragt die Schwestern, was sie denn nun machen wollen. Eine möchte Friseuse werden, eine andere hat eine Stelle als Verkäuferin in einer Bäckerei gefunden. Zum Schluss erklärt eine der Nonnen: „Ich werde Pro …" Da fällt die Oberin in Ohnmacht. Als sie wieder zu sich kommt, fragt sie noch einmal und die Nonne antwortet: „Ich werde Prostituierte."
„Gott sei Dank! Und ich dachte schon, du willst Protestantin werden."

Ein 50-Jähriger legt die Beichte ab:
„Letzte Nacht hatte ich hemmungslosen
Sex mit einer 20-Jährigen."
Darauf der Pfarrer: „Nimm sieben
große Zitronen, presse ihren Saft
in ein Glas und trink es in einem Zug leer."
„Und das wäscht mich von
meinen Sünden rein, Herr Pfarrer?",
erkundigt sich der Mann skeptisch.
„Nein, aber es wischt dir dieses
dämliche Grinsen vom Gesicht."

Ein Hehler liegt im Sterben. Als ihm
der Priester, der die letzte Ölung vornimmt,
das Kruzifix zum Kuss entgegenstreckt,
schlägt er die Augen auf und meint
kopfschüttelnd: „Also mehr als 50 Euro
kann ich Ihnen dafür aber nicht geben."

WENN DIE WÜSSTEN, DASS ICH GAR KEINE HOSE ANHAB' ...

Der Pfarrer donnert von der Kanzel:
„Und ich warne euch, Brüder
und Schwestern, vor dem Rauchen.
Denn auf die erste Zigarette
folgt zwangsläufig das erste Glas Alkohol
und auf den Alkohol folgt
die erste Sünde mit einer Frau."
Unterbricht ihn ein Gemeindemitglied:
„Wo gibt es denn diese Zigaretten,
von denen Sie da sprechen?"

Was ist der Unterschied zwischen
einem Pfarrer und einem Wegweiser?
Keiner – beide zeigen den Weg
und gehen ihn nicht.

Der Pfarrer während des Hochzeitsgottesdienstes zur Braut: „… Dass Sie stark im Glauben sind, das hoffen wir. Dass Sie stark in der Liebe sind, wissen wir, und dass Sie stark in der Hoffnung sind, das sehen wir.“

Der Pfarrer hat einen sprechenden Opferstock konstruiert. Immer wenn eine Münze eingeworfen wird, ertönt eine Stimme, die den Spender fragt: „Na, ist das alles?“

Ein Mann kommt ans Himmelstor.
Doch Petrus verwehrt ihm den Einlass:
„Du hast deine ganze Zeit mit
Videospielen verplempert.
Ab in die Hölle!" Am nächsten Tag
beschwert sich der Teufel bei Petrus:
„Was hast du uns denn da für
einen geschickt? Er hat meine Gehilfen
umgebracht und die Heizkessel
zerstört. Und seitdem rennt er
wie von Sinnen durch die Hölle und faselt
ständig etwas von einem Durchgang
zum nächsten Level, den er nicht findet."

Im Religionsunterricht geht es um das Thema Arbeit. Kurz vor der Pause meint der Pfarrer lächelnd: „Und was meint ihr, wer hat wohl den besten Job der Welt?" „Der Papst", ruft einer der Schüler. „Wie kommst du denn darauf?", fragt der Pfarrer. „Weil er nur einen Chef hat – und den trifft er erst nach seinem Tod."

Was ist der Unterschied zwischen einem Bischof und einer Kirche? Die Kirche ist nur selten voll.

OH NEIN! MEIN VATER SCHICKT MIR EINE FREUNDSCHAFTS-ANFRAGE.
UND ICH HAB EINE VON MEINEM CHEF.

Ein katholischer Priester,
ein evangelischer Geistlicher und
ein Rabbi führen einen Disput
über die Frage, wann das menschliche
Leben beginnt. Sagt der Priester:
„Nun, liebe Brüder im Herrn,
in bin der Ansicht, das menschliche
Leben entsteht bereits dann, wenn
Mann und Frau sich in Liebe vereinen."
„Also meiner Ansicht nach entsteht
menschliches Leben, wenn Samen-
und Eizelle miteinander verschmelzen",
entgegnet der evangelische Geistliche.
„Völliger Unsinn", meint der Rabbi.
„Menschliches Leben entsteht,
wenn die Kinder aus dem Haus sind
und der Hund tot ist."

Als ihr Ehemann eines Abends wieder einmal sturzbetrunken nach Hause kommt, schlägt die verzweifelte Ehefrau die Hände über dem Kopf zusammen und ruft: „Hab ich ein Kreuz!“ Darauf der Mann prompt: „Und ich eine Fahne! Machen wir doch eine Prozession …“

Der neue Pfarrer ist vor seiner Messe so nervös, dass ihm der Bischof empfiehlt, ein Glas Wasser mit zwei Tropfen Tequila zu trinken, um die Nerven zu beruhigen. Und es funktioniert, die Nervosität ist wie weggewischt. Als der Pfarrer nach seiner Predigt frohgemut in die Sakristei zurückkehrt, findet er dort einen Zettel vom Bischof mit folgendem Text:

Geschätzter Bruder, hier einige Anmerkungen
zu Ihrer ersten Messe:
Der Kasten neben dem Altar ist
der Beichtstuhl, nicht die Toilette;
Jesus und die Apostel bezeichnen wir
nicht als „J.C. & the Gang“. Genauso
wie Gott nicht „El Padrino“ heißt;
das Weihwasser ist zum Segnen da
und nicht, um den Nacken zu kühlen;
die Hostie dient nicht als Aperitif zum Wein,
sondern ist für die Gläubigen gedacht;
die Tussi mit den kleinen Möpsen
ist die Jungfrau Maria und der Freak
im Kirchenschiff Jesus, dessen letzte
Worte übrigens nicht lauteten:
„Mehr Nägel, ich rutsche ...“.
Und bitte geben Sie das nächste Mal
zwei Tropfen Tequila ins Wasser
und nicht umgekehrt!

Ein Pfarrer ist das erste Mal in seinem Leben mit dem Flugzeug unterwegs. Zur Beruhigung bietet ihm die Stewardess einen Schnaps an. „Wie hoch fliegen wir denn?“, will der Pfarrer daraufhin wissen. „Knapp 11 000 Meter“, antwortet die Stewardess. „Dann lieber nicht“, lehnt der Pfarrer das Angebot ab. „Der Chef ist in der Nähe.“

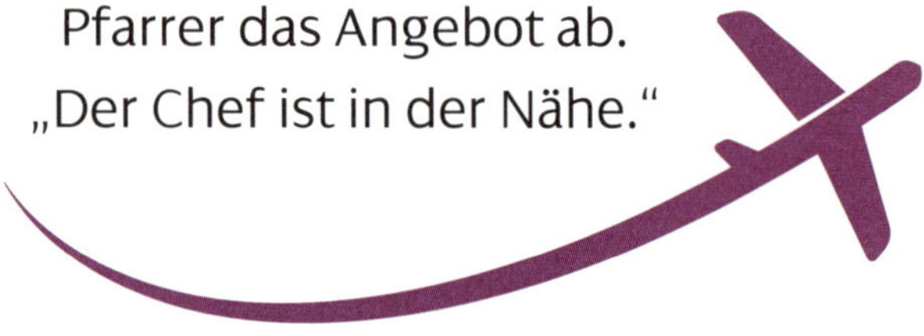

Welche Nationalität hatten Adam und Eva? Sie waren Nordkoreaner: Sie hatten nichts anzuziehen, kaum etwas zu essen und kein Dach über dem Kopf und glaubten trotzdem, sie wären im Paradies.

Der vom Missionseifer getriebene Pfarrer versucht, einen der Atheisten in seiner Gemeinde zum christlichen Glauben zu bekehren:
„Auch du musst in die Armee des Herrn eintreten, mein Sohn!"
Antwortet der Angesprochene:
„Aber ich gehöre doch schon zur Armee des Herrn."
„Und wieso sehe ich dich dann nie in der Kirche?", will der Pfarrer wissen.
Da blickt sich der Atheist verstohlen um und flüstert: „Ich bin beim Geheimdienst …"

Ein völlig verzweifelter Bauer
kommt in die Kirche und klagt
dem Pfarrer sein Leid:
„Heute ist meine beste
Kuh gestorben.
Was habe ich nur getan,
dass Gott mich so straft?“
Wundert sich der Pfarrer:
„Also als Ihre Frau vor
Kurzem gestorben ist,
haben Sie nicht so gejammert …“
„Natürlich nicht“, erklärt der Bauer,
„meine Frau gab's umsonst,
aber die Kuh hat richtig Geld gekostet.“

DER KLEINE IST GANZ DER PAPA!

Im Gemeindeblatt steht eine Anzeige mit dem Text:

Pfarrer Stefan Urban

hat heute um 18:30 Uhr das irdische Leben hinter sich gelassen, um gen Himmel zu fahren.

Nach Auslieferung des Blattes erhält die Redaktion eine E-Mail:

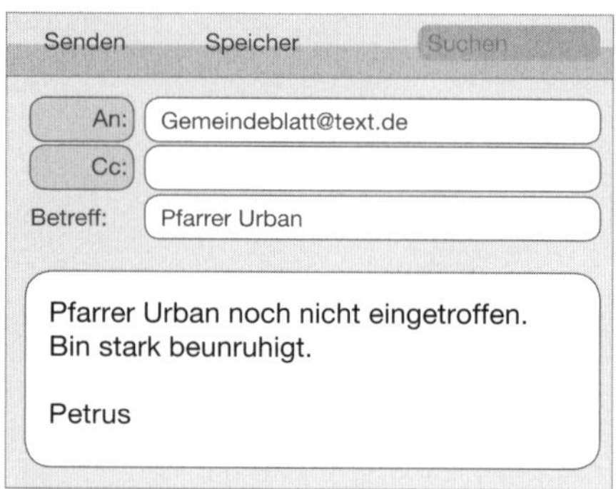

Im Tierpark soll eine Schildkröte eine Injektion in den Hals bekommen. Doch jedes Mal, wenn der Tierarzt die Spritze ansetzt, zieht sie sich in den Panzer zurück. Eine vorbeikommende Nonne beobachtet die sich wiederholende Szene einige Male und bietet schließlich ihre Hilfe an. Kurz entschlossen steckt sie der Schildkröte den Finger in den Hintern, woraufhin das Tier mit weit aufgerissenen Augen den Hals ganz weit ausstreckt, sodass der Tierarzt endlich die Spritze verabreichen kann. „Wo haben Sie denn den Trick gelernt?“, erkundigt sich der Tierarzt im Anschluss neugierig. Antwortet die Nonne: „Was glauben Sie, wie wir dem Bischof in den letzten Jahren immer die Krawatte gebunden haben?“

Warum findet man
in Kirchen keine Fliegen?
Weil sie InSekten sind.

Ein Aussteiger hat sich auf dem Land ein vollkommen verwildertes Grundstück gekauft. Er baut ein kleines Haus darauf und legt in mühevoller Arbeit einen wunderschönen Garten an. Als ihn der Dorfpfarrer besucht, meint dieser bewundernd:
„Da haben der liebe Gott und Sie ja ein wahres Paradies geschaffen."
Erwidert der Aussteiger zweifelnd:
„Sie hätten es mal sehen sollen, als sich der liebe Gott noch allein damit beschäftigt hat ..."

Was ist der Unterschied zwischen einem katholischen und einem evangelischen Pfarrer? Beim evangelischen hängt die Kinderwäsche im Pfarrgarten, beim katholischen im ganzen Dorf.

Der Pfarrer fragt seine Ministranten: „Warum schulden wir dem Priester Ehrfurcht?“ Darauf einer der Jungen: „Jesus hat einmal gesagt: ‚Was ihr einem meiner Geringsten getan habt, habt ihr mir getan.‘“

DER KLEINE JESUS AM BADESEE GENEZARETH ...

Am Himmelstor steht ein Handwerker und beklagt sich: „Ihr habt mich viel zu früh abberufen, ich bin doch erst 39 Jahre alt." Petrus blättert in seinem großen Buch und meint schließlich: „Also den Stunden zufolge, die du deinen Kunden in Rechnung gestellt hast, bist du schon 86."

Unterhalten sich zwei Soldaten. Fragt der eine: „Wusstest du eigentlich, dass die Bundeswehr sogar in der Bibel erwähnt wird?" Wundert sich der andere: „Ach wirklich?" „Ja, denn dort heißt es: ‚… und sie hüllten sich in seltsame Gewänder und irrten ziellos umher.'"

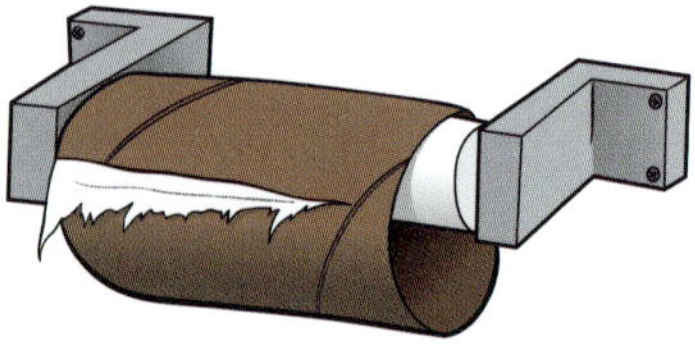

Ein Mann nimmt im Beichtstuhl Platz.
Der Pfarrer daneben wartet, dass der Mann zu sprechen beginnt, doch dieser schweigt. Als sich nach fünf Minuten immer noch nichts rührt, fragt der Pfarrer schließlich: „Mein Sohn, gibt es irgendetwas, womit ich dir helfen kann?"
Darauf der Angesprochene plötzlich: „Ja, haben Sie auf Ihrer Seite Klopapier?"

Predigt der junge Pfarrer: „Und immer wenn ich einen Betrunkenen aus einer Kneipe kommen sehe, sage ich zu ihm: ‚Du befindest dich auf dem falschen Weg, kehre um!'"

Im Religionsunterricht fragt der Pfarrer die Klasse: „Warum hat der liebe Gott zuerst Adam erschaffen und dann die Eva?" Meldet sich ein Schüler: „Weil sie ihm sonst immer reingeredet hätte."

Ein Schäfer sitzt mit seinem Hund im Gottesdienst. Der Pfarrer predigt: „Ein guter Hirte bleibt immer bei seinen Schafen." Der Schäfer zum Hund: „Komm Hasso, wir gehen. Der stänkert schon wieder ..."

Der junge Bräutigam beichtet
vor der Hochzeit. Zum Schluss
sagt der Pfarrer zu ihm: „Gut, mein Sohn,
ich wünsche dir viel Glück."
Darauf der junge Mann verwundert:
„Aber geben Sie mir denn gar
keine Bußübung auf?"
„Wozu? Du sagtest doch,
du willst morgen heiraten."

Bei einer Umfrage zum Thema
Religion lautet eine Frage:
„Glauben Sie an die Existenz
eines allwissenden Wesens?"
Daraufhin eine der Teilnehmerinnen:
„Ich weiß es sogar sicher,
schließlich bin ich mit einem verheiratet …"

Der Bischof besucht eine kleine Gemeinde. Im Pfarrhaus findet er eine bildhübsche Köchin und vier herumtollende Kinder vor. „Wessen Kinder sind das?“, erkundigt er sich misstrauisch beim Pfarrer. „Keine Sorge“, beruhigt ihn dieser, „dass sind die Neffen meines Bruders …“

Drei Männer sitzen im Wirtshaus. Am Nebentisch sitzt ein Mann mit langen Haaren, Sandalen und Umhang. Der Wirt erzählt, dass es sich dabei um Jesus handelt. Darauf wendet sich einer der Männer an den Fremden: „Wenn du Jesus bist, dann beweise es, indem du meine Rückenschmerzen verschwinden lässt." Der Angesprochene berührt den Mann am Rücken und schon sind die Schmerzen weg. Meint der zweite Mann: „Ich glaube dir noch immer nicht. Kuriere meinen Husten." Jesus berührt ihn an der Brust und der Husten ist ebenfalls weg. Als sich Jesus dem dritten Mann zuwenden will, ruft dieser erschrocken: „Bleib mir bloß vom Leib, ich bin noch zwei Wochen krankgeschrieben!"

Leidenschaftlich predigt der Pfarrer von der Kanzel: „Ich habe kein Mitleid mit einem skrupellosen jungen Mann, der sich jede Nacht herumtreibt und die Mädchen verführt, ohne an Ehe und Familie zu denken!" Daraufhin ein Gottesdienstbesucher zu seinem Kirchenbanknachbarn: „So ein Mensch braucht auch kein Mitleid!"

Ein junger Mann legt die Beichte ab: „Hochwürden, ich habe im Bett mit einer wunderschönen Frau geschlafen, sie aber nicht angerührt." Darauf der Pfarrer: „Dann tue Buße, mein Sohn, und trinke 20 Liter Wasser." „Aber wieso das denn?", will der junge Mann wissen. „Das entspricht der Tagesration eines ausgewachsenen Kamels."

In der Gemeinde macht ein

WANDERZIRKUS

Station und abends kommt einer der Artisten zum Beichten. Als ihn der Pfarrer nach der Beichte bittet, ihm eine Kostprobe seines Könnens zu geben, führt er einige seiner Kunststücke vor: Salto, Kopfstand und Gehen auf den Händen. Beeindruckt gibt der Pfarrer ihm den Segen. Da wendet sich eine Frau, die ebenfalls beichten möchte und das Geschehen beobachtet hat, flehend an den Geistlichen: „Mir geben Sie aber bitte keine so schwere Buße auf!“

Der Pfarrer geht mit den Kindern
im Religionsunterricht die einzelnen
Teile der heiligen Messe durch.
Er erklärt ihnen, was ein Evangelium ist,
das Glaubensbekenntnis, das Vaterunser,
die Kommunion … Zum Schluss fragt er
die Klasse: „Wer von euch weiß denn,
was eine Epistel ist?“
Darauf die kleine Claudia:
„Das ist die Frau vom Apostel!“

„Gestern habe ich meine Frau
achtmal geliebt“, bekennt ein Mann
bei der Beichte. „Das ist aber keine Sünde,
da es ja ehelich war“, erklärt der Pfarrer.
„Ich weiß“, entgegnet der Mann,
„aber ich musste es einfach
irgendjemandem erzählen!“

Ein Pfarrer hält als Vertretung
den Gottesdienst in
der Nachbargemeinde.
Er tritt ans Mikrofon,
klopft mit dem Finger dagegen
und meint:
„Ich glaube, mit dem Mikro
stimmt etwas nicht."
Die Antwort der Gemeinde:
„Und mit deinem Geiste ..."

„Herr Pfarrer, wir sind endlich Eltern geworden", berichtet ein Mann ganz aufgeregt. „Und das, obwohl es immer geheißen hat, ich könne keine Kinder zeugen. Ein Wunder!" Der Pfarrer faltet die Hände und meint wissend: „So denn! Danket dem Herrn ... der über euch wohnt."

UND SIE SAGEN, BEI IHREN KOLLEGEN SIEHT DAS JETZT AUCH SO AUS?
JA, SEIT GESTERN ABEND.

„Wer weiß, warum der Schwerkranke bei der Krankensalbung mit Öl gesalbt wird?“, fragt der Pfarrer die Ministranten. Es herrscht Schweigen, bis einer der Gefragten eine Vermutung äußert: „Vielleicht damit der Teufel ausrutscht.“

„Meine Schwester erleidet wegen ihres Glaubens gerade ein wahres Martyrium“, erzählt einer der Ministranten dem Pfarrer. „Wegen ihres Glaubens?“, fragt der Pfarrer erstaunt nach. „Ja, sie hat Schuhgröße 39 und glaubt, sie passe in Größe 37 …“

Der Dorffriseur rasiert den
Pfarrer mit zittriger Hand.
Nach einigen Schnitten mahnt
der Pfarrer: „Das kommt
vom vielen Alkohol."
Erwidert der Friseur:
„Stimmt, Herr Pfarrer,
das macht die
Haut ganz spröde."

Im Religionsunterricht erzählt
der Pfarrer von Adam und Eva:
„Und dann war da ein Baum mit
herrlichen Äpfeln. Doch Gott hatte
Adam und Eva verboten, von den Früchten
zu essen. Wer weiß, warum?"
Antwortet einer der Schüler: „Weil Gott
sie selbst einmachen wollte."

Ein Museumsbesucher
sieht sich die
Gemäldeausstellung an.
Vor einem Bild mit dem Titel
„Die heilige Familie auf der Flucht“
bleibt er stehen und
betrachtet es eingehend.
Schließlich wendet er sich
an seinen Begleiter und meint:
„Typisch, uns erzählt man,
Maria und Josef wären
so arm gewesen,
dass sie ihr Kind in einem Stall
zur Welt bringen mussten.
Aber um sich von einem Meister
malen zu lassen,
dafür hatten sie Geld.“

Jesus geht die Straße entlang und trifft zwei Kiffer, die ihm einen Joint anbieten. Jesus ist begeistert und sagt: „Danke Jungs, ich bin übrigens Jesus." Ruft einer der Kiffer: „Yeah, so muss das Zeug wirken!"

Vor der Taufe mustert der Pfarrer den in feierliches Schwarz gekleideten jungen Mann und meint schließlich kritisch: „Sie sind doch viel zu jung, um das verantwortungsvolle Amt des Paten zu übernehmen." Da beugt dieser sich vor und flüstert: „Ich bin nicht der Pate, ich bin der Vater."

EINE KLEINE PAUSE FÜR HORST-DIETER

Bei seinem Spaziergang durchs Dorf trifft der Pfarrer Herrn Kluge. „Sie habe ich aber schon lange nicht mehr in der Kirche gesehen", rügt er ihn. „Wissen Sie, meine Tochter lernt das Harfespielen", verteidigt sich der Gescholtene, „und seitdem möchte ich eigentlich gar nicht mehr in den Himmel ..."

„Und was hat Sie denn hierhergeführt?", erkundigt sich der Gefängnisseelsorger beim Neuzugang. Antwortet dieser: „Mein Glaube." „Ihr Glaube?", fragt der Pfarrer fassungslos nach. „Ja, ich habe geglaubt, das Haus, in das ich eingebrochen bin, hätte keine Alarmanlage."

Eine Nonne möchte per Anhalter fahren
und steht schon seit
fünf Stunden am Straßenrand.
Endlich hält ein Auto und nimmt sie mit.
Daraufhin erkundigt sich die Nonne:
„Keiner wollte mich mitnehmen.
Warum hast du gehalten?"
Antwortet der junge Fahrer enthusiastisch:
„Batmans Freunde sind auch meine Freunde."

Einweihung

Ein neuer Supermarkt wird eröffnet.
Und da es sich bei dem Besitzer um
einen fleißigen Kirchgänger handelt,
hat der Pfarrer der
Gemeinde eingewilligt,
die Einweihung vorzunehmen.
Als die Feierlichkeiten zu Ende sind,
spricht ein Mann den Geistlichen an:
„Haben Sie noch
ein wenig Zeit, Hochwürden?
Ich habe gleich um die Ecke
einen kleinen Lebensmittelladen."
„Noch eine Einweihung?",
erkundigt sich der Pfarrer.
„Nein, die letzte Ölung."

zzzzzzzzzzzz

Ein Mann schläft während
der Predigt immer wieder ein.
Daher beschließt seine Frau,
ihn jedes Mal, wenn er einnickt,
mit einem **Kugelschreiber** zu piken.
Nach kurzer Zeit ist es so weit.
Gerade fragt der Pfarrer die Gemeinde:
„Und wer erschuf all das in sechs
Tagen und ruhte am siebten?“,
da stößt die Frau ihrem Mann
mit dem **Kugelschreiber** in
die Seite und der Gepiesackte ruft:
„Allmächtiger Gott!“
„Richtig“, entgegnet der Pfarrer
und spricht weiter, woraufhin
der Mann bald wieder
eingeschlafen ist.

„Und wer starb für uns am Kreuz?“,
wendet sich der Pfarrer
an die Gemeinde,
als die Frau mit dem
Kugelschreiber wieder zusticht.
Erneut fährt der Mann hoch
und ruft: „Jesus Christus!“,
nickt aber schnell wieder ein.
Als der Pfarrer schließlich fragt
„Und was sagte Eva zu Adam,
als die das 25. Kind geboren hatte?“,
pikt ihn die Frau ein drittes Mal.
Da ruft der Mann wütend:
„Wenn du mich noch einmal stichst,
breche ich das verdammte Ding ab.“

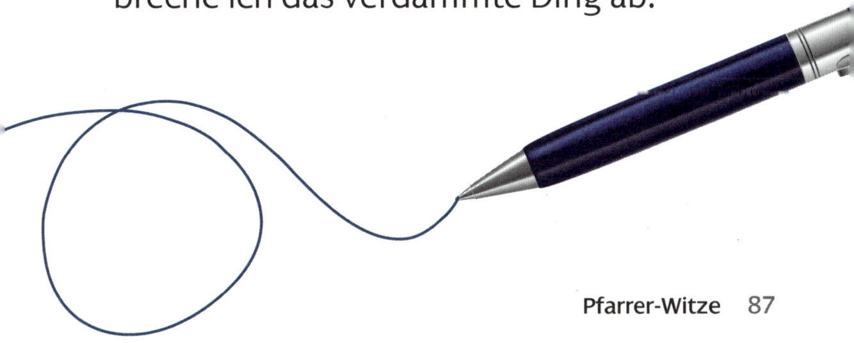

Frau Friedrich kommt zur Beichte: „Als ich neulich die Unterhosen meines Mannes gebügelt habe, hatte ich plötzlich unkeusche Gedanken." „Dann bringen Sie mir zur Strafe morgen ein Blech von Ihrem guten Kuchen vorbei", gibt ihr der Pfarrer auf. Und wie geheißen kommt die Sünderin am nächsten Tag mit einem Kuchenblech vorbei. „Aber das Blech ist ja leer", moniert der Pfarrer bei näherem Hinsehen. Darauf Frau Huber: „Natürlich, in den Unterhosen war ja schließlich auch nichts drin."

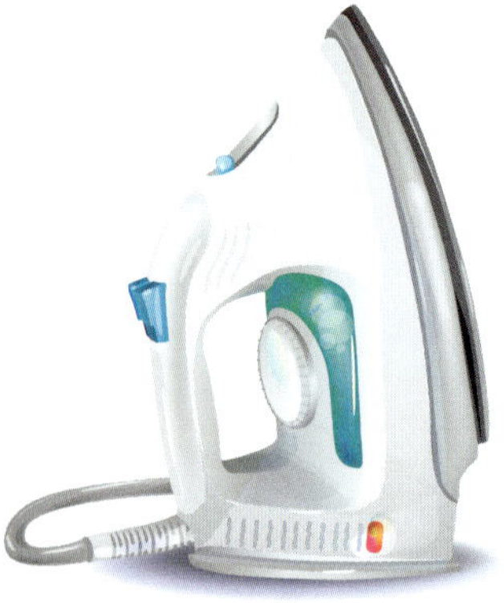

JUNGE, MACHST DU DICH WIEDER ÜBER SIE LUSTIG?
EVANGE-
LISCH
KATHO-
LISCH

Ein junger Pfarrer nimmt zum ersten Mal die Beichte ab. Als er anschließend seinen älteren Kollegen nach dessen Urteil fragt, meint dieser: „Für den Anfang nicht schlecht. Du solltest nur öfter mal ‚Na, na, na' sagen statt …"

Unterhalten sich zwei Gemeindemitglieder über ihren Pfarrer: „Unser Pfarrer ist wie der liebe Gott. Am Sonntag ist er unbegreiflich und während der Woche ist er unsichtbar …"

Wer spielte in der ersten
Fußballmannschaft?
Jesus und seine Jünger.
Denn in der Bibel steht: „Jesus stand
im Tor und seine Jünger standen abseits."

Ein notorischer Geizhals liegt im Sterben.
Als der Pfarrer ihm die letzte Ölung spendet,
seufzt er: „Ach könnte ich doch nur
mein Erspartes auf meine letzte Reise
mitnehmen!" Da gibt der Pfarrer
zur Antwort: „Gräme dich nicht,
dort, wo du hingehst, würde es
nur verbrennen …"

Eine Frau kommt nach ihrem Tod
in den Himmel und fragt Petrus,
ob sie ihren Mann sehen könne,
der bereits vor ihr gestorben war.
Petrus verspricht nachzusehen,
wo der Verblichene zu finden sei.
Doch in seinem goldenen Buch
kann er keinen entsprechenden
Eintrag finden, auch bei den Seligen
und Heiligen nicht.
Darauf Petrus verwundert:
„Sagen Sie gute Frau, wie lange
waren Sie denn verheiratet?"
„Über 50 Jahre", antwortet diese stolz.
„Das ist natürlich etwas anderes,
dann finden wir ihn bei den Märtyrern."

SIE FORDERN SCHON WIEDER FRAUEN INS PRIESTERAMT.
WIR TRAGEN DOCH SCHON KLEIDER UND RÖCKE. DAS WIRD DOCH REICHEN!

„Was ist Gotteslästerung?", will der Pfarrer von seinen Ministranten wissen. Darauf einer der Gefragten: „Wenn man zu jemandem ‚Grüß Gott' sagt und dabei denkt ‚Hol dich der Teufel'."

Bei einer Visitation besichtigt der Bischof auch den Keller des Pfarrhauses, in dem sich Unmengen leerer Weinflaschen stapeln. Missbilligend stellt er fest: „Hier liegen aber viele Leichen …"
Darauf der Pfarrer: „Keine Sorge, Exzellenz, keine ist ohne geistlichen Beistand gestorben."

Eine Frau beobachtet den Pfarrer, wie dieser die aktuellen Kirchennachrichten anschlägt.

„Sie können es wohl kaum erwarten", erkundigt er sich schmunzelnd.

„Das nicht", erwidert die Frau, „aber ich möchte gern hören, was Sie sagen, wenn Sie sich auf den Finger hauen."

Der Witwer bittet den Pfarrer,
für seine Frau drei Messen zu lesen.
Nach der letzten fragt er:
„Reichen die drei Messen,
damit meine Frau in den Himmel
aufsteigen kann?“
Darauf der Pfarrer: „Nicht ganz.
Nur der Kopf der Verstorbenen ist schon
im Himmel, die Füße aber sind noch
immer im Fegefeuer.“
„Prima, dann lassen wir sie so.
Neugierig war sie schon immer
und kalte Füße hatte sie auch ständig.“

In der Vorweihnachtszeit steht
der Pastor auf der Empore und
bewundert die wunderschöne Krippe.
Plötzlich kommt ein kleiner Junge
in die Kirche, geht auf die Krippe zu,
steckt Maria und Josef in seine Tasche
und verschwindet wieder, bevor der
Pastor irgendetwas unternehmen kann.
Am nächsten Tag sieht der
Pastor den Jungen wieder an der Krippe
stehen und spricht ihn an:
„Na, willst du jetzt auch noch
das Jesuskind stehlen?“
„Nein“, erwidert der Junge,
„ich wollte ihm nur sagen, dass er
seine Eltern nie wiedersieht, wenn ich
dieses Jahr wieder nicht das
zu Weihnachten bekomme,
was ich mir gewünscht habe.“

TAG
EIN
TAG
AUS

Ein evangelischer und ein katholischer Geistlicher diskutieren leidenschaftlich über das Christentum. Schließlich meint der Katholik versöhnlich: „Letztlich dienen wir beide dem gleichen Herrn. Sie eben auf Ihre Weise und ich auf seine.“

Ein Missionar wird geschickt, um einen Kannibalenstamm zu bekehren. Nach einem Vierteljahr erstattet er Bericht: „Mache große Fortschritte. Sie fressen freitags nur noch Angler …“

Ein Priester wohnt in demselben Haus,
in dem auch eine Prostituierte
ihrem Gewerbe nachgeht.
Eines Tages klingelt es
bei dem Geistlichen und ein Mann
steht vor der Tür, der
seine Verlegenheit angesichts
des vor ihm stehenden
Priesters kaum verbergen kann.
Daraufhin meint der Geistliche gutmütig:
„Die Sünde wohnt einen Stock höher,
hier ist die Absolution."

Der Pfarrer besucht eine Familie seiner Gemeinde und unterhält sich über Erziehungsprobleme. Erzählt die Frau: „Wir streiten nie vor den Kindern, sondern schicken sie dann zum Spielen nach draußen." Meint der Pfarrer: „Ach deshalb haben Ihre Kinder so eine frische und gesunde Hautfarbe."

Eine Nonne hält vor Schülerinnen einen Vortrag über die Gefährlichkeit von Männern. Zum Abschluss redet sie den Mädchen noch einmal ins Gewissen: „Wollt ihr wegen ein paar Minuten Spaß ein Leben in Schande verbringen?" Daraufhin hebt eine der Schülerinnen schüchtern die Hand und fragt: „Wie können wir denn verhindern, dass es nur ein paar Minuten dauert?"

Eva misstrauisch zu Adam:
„Ich werde das Gefühl nicht los,
dass du eine andere hast."
Darauf Adam: „Aber Eva, du weißt doch,
dass du die einzige Frau auf Erden bist."
Nachts spürt Adam Evas forschenden
Finger auf seiner Brust.
„Was machst du denn da?",
fragt er schlaftrunken.
„Was wohl, ich zähle deine Rippen …"

Der Heilige Nikolaus kommt
zu Familie Keller und befragt
die beiden Kinder: „Na, wer war
dieses Jahr besonders brav und hat
alles getan, was Mutti gesagt hat?"
Erwidern die wie aus einem Mund:
„Der Papa!"

Ein Vertreter von Coca-Cola
kommt in den Vatikan.
Er bietet 10 Millionen Dollar,
wenn es im Vaterunser zukünftig heißt:
„Unser täglich Cola gibt uns heute."
Der zuständige Kardinal lehnt das jedoch kategorisch ab. Doch der Firmenvertreter gibt nicht auf und bei 50 Millionen greift der Kirchenmann schließlich zum Haustelefon und ruft den Papst an:
„Heiliger Vater, wie lange läuft der Vertrag mit der Bäckerinnung eigentlich noch?"

Die Religionslehrerin bemüht sich,
den Kindern den Begriff des Stehlens
zu vermitteln. Sie versucht es mit
einem Beispiel: „Wenn ich einem Mann
in die Tasche greife, um ihm sein Geld
wegzunehmen, was bin ich dann?"
Meldet sich die kleine Susanne:
„Seine Frau!"

Der Pfarrer besucht eine fast 100-Jährige:
„Sie sind ja noch richtig fit, Frau Keller,
möchten Sie nicht mal wieder in den
Gottesdienst kommen?"
„Besser nicht", entgegnet die alte Dame.
„Der Herrgott hat bestimmt vergessen,
mich abzuberufen, und ich will
ihn nicht daran erinnern."

ICH HATTE EINFACH KEINE LUST, WEITER DRÜBER NACHZUDENKEN.
Regenbogen-Traum
Süße Rettung
Noahs Schiff
Arche

Weint sich die verzweifelte Braut
bei ihrer Mutter aus:
„Ich kann Klaus nicht heiraten!
Stell dir vor, er glaubt weder
an das Paradies noch an die Hölle.“
„Das wird schon“,
beruhigt sie die Mutter.
„Zeig du ihm das Paradies,
ich kümmere mich um das andere.“

Der Pfarrer ist unterwegs,
um Hausbesuche zu machen.
Als er bei Familie Meister klingelt,
tönt es aus der Sprechanlage:
„Engelchen, bist du's?"
Antwortet er schmunzelnd:
„Nicht ganz, aber aus demselben
Unternehmen."

Unterhalten sich zwei Ministranten.
Meint der eine: „Hast du eigentlich
auch schon mal daran gedacht,
später Pfarrer zu werden?"
Antwortet der andere:
„Doch schon, aber von dem
bisschen Kleingeld, das die Leute ins
Kollektenkörbchen werfen,
möchte ich nicht leben müssen."

Eine Frau erkundigt sich besorgt beim Pfarrer: „Als ich heute Morgen in den Spiegel schaute, fand ich, dass ich sehr schön aussehe! Ist das Sünde?“ Beruhigt sie der Gefragte mit einem gutmütigen Lächeln: „Nein, meine Tochter, Irrtum ist keine Sünde.“

Als Gott Adam in den Schlaf legte, um ihm eine Rippe zu entnehmen, aus der er Eva formte, flüsterte er ihm zu: „Schlaf gut, denn es wird das letzte Mal sein, dass du ungestört ausschlafen kannst.“

Wie nennt man einen Lüneburger, der aus der Kirche ausgetreten ist? Lüneburger Heide.

Die Oma nimmt ihren kleinen Enkel zum ersten Mal mit in die Kirche und zeigt ihm alles. Dann bleibt sie vor dem Tabernakel stehen, um zu beten. Der Kleine starrt fasziniert auf das rote Licht, das an der Decke darüber befestigt ist. Nach einer Weile fragt er: „Du Oma, wann wird es Grün, damit wir weitergehen können?"

ALS DER PAPST DAS XI. GEBOT FAND ...

Nachdem der liebe Gott Mann
und Frau erschaffen hat,
betrachtet er sein Werk.
Zuerst fällt sein Blick auf Adam:
„Du bist hervorragend gelungen!
Ein wohlproportionierter Körper
mit perfekten Formen –
die vollendete Ästhetik."
Dann fällt sein Blick auf Eva und
er meint seufzend: „Na ja, du musst
dich halt schminken."

„Und mit welchen Worten setzte Jesus
die Ehe ein?", will der Pfarrer von
seinen Ministranten wissen. Meint einer
der Gefragten: „Mit den Worten:
‚Ich will ewige Feindschaft setzen
zwischen dir und dem Weibe.'"

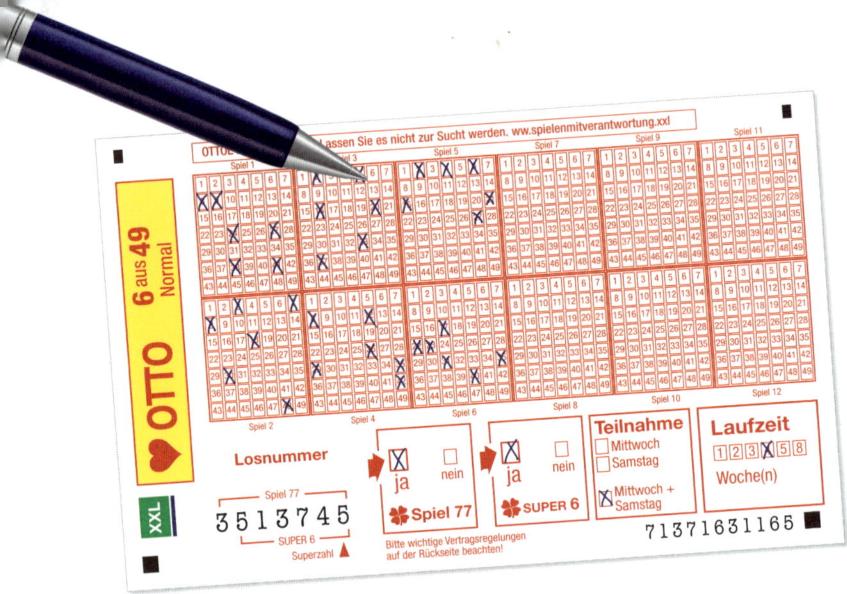

Zehn Jahre lang betet Tobias
jedes Wochenende: „Lieber Gott,
lass mich dieses Mal im Lotto gewinnen."
Jedoch immer vergeblich.
Als er es eines Tages wieder versucht,
ist plötzlich sein Zimmer in strahlendes
Licht getaucht und eine tiefe Stimme
sagt verzweifelt: „Gib mir endlich
eine Chance und füll einen Lottoschein aus!"

Zwei Hochseilartisten heiraten.
Zum Abschluss des Gottesdienstes
spricht der Pfarrer den Segen:
„Möge Gott immer seine schützende
Hand über euch halten."
Entgegnen Braut und Bräutigam:
„Unter uns, Herr Pfarrer, unter uns."

Ein Rabbi ärgert sich darüber, dass viele Gläubige ohne Kippa in die Synagoge kommen. Also stellt er am Eingang ein Schild auf:

Das Betreten der Synagoge ohne Kopfbedeckung ist ein dem Ehebruch vergleichbares Vergehen.

Habe beides probiert – kein Vergleich!

Ein Reporter fragt den Bischof: „Sind Sie auch der Meinung, dass es Priestern erlaubt sein sollte, zu heiraten?" – „Ja sicher, aber nur wenn sie sich lieben!"

Eine Hochzeit und eine Beerdigung sind irrtümlicherweise für die gleiche Zeit angesetzt worden. Meint der Pfarrer kurz entschlossen: „Zuerst die Hochzeit, der Tote kann es sich schließlich nicht noch einmal überlegen …“

Was ist schwarz-weiß-schwarz-weiß-schwarz-weiß? Eine Nonne, die die Treppe runterfällt.

Ein junger Geistlicher soll seine erste Predigt halten und holt sich Rat bei einem erfahrenen Kollegen. „Versuchen Sie, einen spannenden Aufhänger für Ihre Predigt zu finden, um die Aufmerksamkeit Ihrer Zuhörer zu erregen. Also zum Beispiel: ‚Die schönsten Jahre verbrachte ich in den Armen einer Frau, die mit einem anderen verheiratet war.'" Und nach einer kurzen Pause fügt er dann hinzu: „Es war meine Mutter." Begeistert folgt der junge Pfarrer dieser Empfehlung und beginnt am darauffolgenden Sonntag seine Predigt mit genau diesen Worten. Die Gemeinde hängt gebannt an seinen Lippen, wie er befriedigt feststellt, doch dann weiß er vor lauter Aufregung nicht mehr, wie es weitergeht, und stottert: „Aber ich kann mich beim besten Willen nicht mehr daran erinnern, wer es war."

PFARRER MÜLLER WAR SICH NUN DOCH NICHT MEHR SICHER, OB ER DAS NEUE KRUZIFIX WIRKLICH BEI EINEM SCHWEDISCHEN MÖBELHAUS HÄTTE KAUFEN SOLLEN …

Was ist der Unterschied zwischen
Jesus Christus und Casanova?
Der Gesichtsausdruck beim Nageln!

Herr Schneider gräbt gerade
den Garten vor dem Haus um,
als der Pfarrer vorbeikommt.
„Ist Ihre Frau zu Hause?“,
erkundigt sich der Geistliche.
Brummt der Gefragte verdrießlich:
„Natürlich. Oder meinen Sie,
ich würde hier im Garten arbeiten,
wenn nicht?“

Bevor der Pfarrer mit seiner Sonntagspredigt beginnt, fordert er die weiblichen Gemeindemitglieder auf, die Beine übereinanderzuschlagen. Als nach Murren und Tuscheln alle der Aufforderung nachgekommen sind, fährt er fort: „Nachdem nun alle Pforten der Hölle verschlossen sind, kann ich ja anfangen …“

Ein Mönch ist schwer erkrankt. Nachdem der herbeigerufene Arzt ihn untersucht hat, beruhigt er den besorgten Abt: „Es ist Gott sei Dank nichts Ernstes. In einer Woche haben wir ihn wieder auf den Knien.“

Was ist der Unterschied zwischen einem Klempner und dem Erlöser?
Der Messias wird eines Tages kommen.

Das Gotteshaus wird renoviert und der Pfarrer prüft den Baufortschritt. Als sein Blick über das Deckengemälde wandert, erstarrt er: „Die Engel haben ja alle sechs Finger. Haben Sie schon mal Engel mit sechs Fingern gesehen?“, fährt er den Maler an. Darauf dieser unbeeindruckt: „Haben Sie denn schon mal welche mit fünf Fingern gesehen?“

Es ist Sonntag. Trotzdem arbeitet der Bauer auf einem seiner Felder und bringt das letzte Heu ein. Zufällig kommt der Pfarrer vorbei und ermahnt ihn vorsichtig: „Sie wissen, dass der Herr am siebten Tag ruhte, nachdem er in den sechs Tagen davor die Welt erschaffen hatte?“ „Das weiß ich wohl“, entgegnet der Gescholtene mit sorgenvollem Blick auf die aufziehenden Gewitterwolken. „Aber der Herr war fertig, ich bin es nicht.“

Vor der Kirche hängt ein großes
Plakat mit der Aufschrift:

Weißt du, was Höllenqualen sind?

Darunter steht mit Kugelschreiber
geschrieben:

Wenn nicht,
komm herein und höre
dir den Organisten an!

„Welches war das größte Unrecht, das die Brüder Josefs ihm angetan haben?“, will der Pfarrer im Religionsunterricht von der Klasse wissen. Antwortet einer der Schüler: „Dass sie ihn so billig verkauft haben. Er war jung, kräftig und gut aussehend und damit ganz sicher mehr wert als 20 Silberstücke.“

Im theologischen Streitgespräch zwischen einem Atheisten und einem Geistlichen lehnt der Atheist die Existenz alles Übernatürlichen ab. Meint der Geistliche: „Sie glauben also an gar nichts?“ Entgegnet der Atheist: „Ich glaube nur an das, was ich mit meinem Verstand begreifen kann.“ Darauf der Geistliche schulterzuckend: „Nun ja, das kommt letzten Endes aufs Gleiche raus.“

UND EIN PAAR ...
OOPS
ARSCHLÖCHER
SCHAFE
KÜHE
BÄUME

Beglückwünscht ein fleißiger Kirchgänger den Pfarrer nach dem Gottesdienst: „Eine schöne Predigt war das. Und ich hatte zum ersten Mal das Gefühl, dass ich nicht persönlich gemeint bin."

Am Stammtisch wird das Thema Reinkarnation diskutiert. „Was bedeutet das eigentlich?", will einer wissen. „Das bedeutet, dass deine Seele nach deinem Tod in einem anderen Lebewesen wiedergeboren wird", erklärt ein anderer. „Das kann aber auch ein Tier sein." „Das heißt, ich könnte nach meinem Tod als Esel wieder auf die Welt kommen?" „Ausgeschlossen, zweimal dasselbe gibt es nicht."

Der Pfarrer bittet um Spenden für die dringend notwenige Reparatur des Kirchendaches. Doch als das Kollektenkörbchen wieder bei ihm ankommt, ist es immer noch leer. Da kniet sich der Geistliche vor den Altar und betet laut: „Herr, angesichts dieser Gemeinde danke ich dir, dass wenigstens das Körbchen zurückgekommen ist."

Als Gott die Männer schuf, muss sie sternhagelvoll gewesen sein.

Im Religionsunterricht wird die Himmelfahrt behandelt. Nachdem der Pfarrer den Bericht aus der Bibel vorgelesen hat, fragt er die Schüler: „Was meint ihr, die beiden Männer in den weißen Gewändern, die plötzlich bei den Jüngern standen – waren das Engel?“ Entgegnet eine Schülerin bestimmt: „Da es Männer waren, ist das vollkommen ausgeschlossen.“

Erkundigt sich der Pfarrer bei seinem Küster: „Was meinen Sie, war die Predigt heute gut?“ „Ja, sie war gut, nur das Amen hätte eine Viertelstunde früher kommen können.“

Zwei Jungen spielen am Wegesrand und kneten aus Lehm Figuren. Da kommt der Pfarrer vorbei und fragt freundlich: „Was macht ihr denn da Schönes?“ Sagt der eine: „Wir machen eine Kirche.“ „Und wenn der Dreck reicht“, fügt der andere hinzu, „machen wir auch noch einen Pfarrer.“

Eine Nonne kommt in den Himmel. An der Pforte fragt Petrus: „Wer bist du?“ „Ich bin die Braut Jesu“, erklärt die Nonne verschüchtert. Darauf mustert Petrus sie ungläubig und wendet sich den Engeln zu: „Wusstet ihr, dass der Junior heiraten will?“

Eine Familie
macht einen
Sommerausflug,
wobei der kleine
Markus ständig

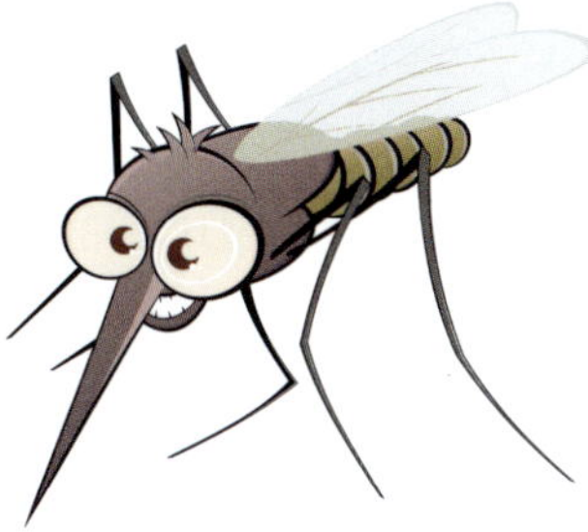

von Mücken umschwirrt wird.
Bald ist er trotz seiner Versuche,
die Plagegeister abzuwehren,
ziemlich zerstochen.
Daraufhin beklagt er sich bei
seinen Eltern: „Warum hat
Noah eigentlich die Chance
auf der Arche nicht genutzt und
die letzten beiden Mücken erschlagen?"

Wie nennt man die Fußballschuhe
von Jesus? – Christstollen!

Der Superintendent bittet
seine Pfarrer zu einem Gespräch,
bei dem es um Fragen der
Verkündigung gehen soll.
Er führt aus: „Meine Brüder,
Sie müssen Ihre Predigten etwas
lebendiger gestalten, indem Sie
ihre Worte mit Ihrer Mimik unterstreichen.
So sollten Sie zum Beispiel
ein strahlendes, fröhliches
Gesicht machen, wenn Sie vom
Himmel reden …"
Da meldet sich einer der Pfarrer
und fragt: „Und wenn ich
von der Hölle spreche?"
„Dann kann Ihr Gesichtsausdruck
so bleiben, wie er immer ist."

JESUS KONNTE VON GLÜCK REDEN,
DASS MOSES AN DEN ERSTEN OLYMPISCHEN
SPIELEN NICHT TEILNEHMEN KONNTE.

Drei ältere Damen unterhalten sich über den Rückgang der Kirchenbesucher in ihren Gemeinden. Meint die erste: „Bei uns kommen manchmal nur 40 Leute zum Gottesdienst."
Berichtet die zweite: „Wir sind oft sogar nur zu zehnt."
Erklärt die dritte: „Wenn sich unser Pfarrer an seine ‚Geliebte Gemeinde' wendet, werde ich immer ganz rot ..."

Sagt der Rektor des Seminars zum Theologiestudenten: „Ausnahmsweise erlaube ich Ihnen, zur Beerdigung Ihrer Großtante zu gehen. Das nächste Mal wäre es mir aber lieber, wenn es sich um einen näheren Verwandten handeln würde ..."

Der kleine Julius hat verschlafen und rennt so schnell er kann zur Schule. Unterwegs betet er: „Lieber Gott, lass mich nicht schon wieder zu spät kommen." Plötzlich stolpert er und fällt hin. Als er sich wieder aufrappelt, schimpft er: „Hey, von Schubsen war aber nicht die Rede!"

Es ist Sonntag, aber
der Bischof hat keine Lust,
die Messe zu halten.
So bittet er seinen Vikar,
ihn zu vertreten, und fährt, sobald
der Gottesdienst begonnen hat,
zum Golfplatz. Petrus aber hat das
Geschehen beobachtet und schlägt
Gott vor, den Bischof zu bestrafen.
Dieser schlägt mittlerweile an einem
Par-5-Loch ab und der Ball fliegt
und fliegt – genau in das Loch.
Daraufhin wendet sich Petrus
kopfschüttelnd an Gott:
„Und das nennst du eine Strafe?"
„Nun", sagt Gott und lächelt,
„wem will er es erzählen?"

Der Pfarrer von seiner Kanzel zur Gemeinde: „Kommen wir nun zur Kollekte. Knöpfe habe ich mittlerweile genug. Darf ich heute vielleicht um Nadel und Zwirn bitten?“

Gott sagt zu Adam: „Ich habe eine gute und eine schlechte Nachricht für dich. Welche willst du zuerst hören?“
„Die gute“, antwortet Adam.
„Also“, fährt Gott fort, „du bekommst sowohl ein Gehirn als auch einen Penis …“
„Und was ist die schlechte Nachricht?“, fragt Adam. „Du kannst leider nicht beides gleichzeitig benutzen.“

VERDAMMT! WAR DAS ETWA HEUTE?

Ein Mann, dessen Frau vor einem halben Jahr gestorben ist, will wieder heiraten und geht zum Pfarrer.
Meint dieser: „Aber es ist doch erst ein halbes Jahr her, dass deine Frau von uns gegangen ist, und der Jüngste bist du auch nicht mehr. Möchtest du wirklich noch einmal heiraten?“
Entgegnet der Witwer: „Warum haben Sie denn eine Frau im Haus, Herr Pfarrer?“
„Naja, meine Haushälterin kocht für mich, wäscht meine Wäsche, putzt …“
„Sehen Sie, Herr Pfarrer, genau deswegen würde ich gern wieder heiraten.“

„**Am** ersten Tag, meine Kinder",
erzählt der Pfarrer im Religionsunterricht,
„schied Gott das Licht von der Finsternis.
Am zweiten schuf er Berge und Meere.
Am dritten Blumen und Bäume.
Am vierten Sonne, Mond und Sterne.
Am fünften Tag schuf er die Tiere
und am sechsten den Menschen. Und
schließlich schuf er dann noch die Frau."
Nach einem Augenblick der Stille
fügt er hinzu: „Was man getrost
seiner Erschöpfung zuschreiben kann."

Wie lautet der Name Gottes?
Ernst Groß. In der Bibel steht:
„Wer mich mit Ernst anruft,
wird erhört werden.
Denn mein Name ist groß."

Der junge Religionslehrer sagt begeistert: „Jesus lebt!“ Meinte der kleine Guido: „Soll das heißen, dass wir keine Osterferien bekommen, weil die Auferstehung flachfällt?“

„Was müsst ihr tun, damit euch eure Sünden vergeben werden?“, fragt der Pfarrer seine Gemeinde im Rahmen des Gottesdienstes. Da stößt einer der Kirchenbesucher seinen Banknachbarn an und meint verschmitzt: „Erst einmal sündigen …“

Genehmigte Lizenzausgabe
EDITION XXL GmbH
Fränkisch-Crumbach 2014
www.edition-xxl.de

Idee und Projektleitung: Sonja Sammüller
Zusammenstellung: Andreas Ehrlich
und design cat GmbH
Illustrationen: Miguel Epes
Layout, Satz und Umschlaggestaltung:
design cat GmbH

ISBN (13) 978-3-89736-949-8
ISBN (10) 3-89736-949-4

Bildnachweis
Shutterstock: Aleksangel 33; Alexandra Soloviova 39; Alhovik 24, 32; AnastasiaSonne 119; anna42f 94; antart 80, 81; AVA Bitter 113; cheesekerbs 37; Christos Georghiou 42, 120; chudo-yudo 133; davooda 100; dedMazay 13; doom.ko Cover back, 51; DVARG 48, 87, 112; ecco 121; ekler 126; Erik Svoboda 38; file404 56; filitova 69; Gesha 109; Hilch 27, 55, 122; Igor Yanovskiy 78; Igor Zakowski 62; Involved Channel 30; Jeff Morin 66; Julia Snegireva 40; Kae Deezign 76; kotss 134; LeonART 63; Leremy 115; Lonely 49, 135; Macrovector 65; Moriz 67; Mushakesa 111; Natutik 23, 40, 91, 96; Natykach Nataliia 18, 118; NEGOVURA 115; Neyro 16; Neyro Cover back, 45; notkoo 7; Oligo 103; Pasko Maksim 139; Paul Malyugin 8; paulista 7, 8, 9, 10, 12, 13, 14, 15, 16, 23, 25, 28, 30, 31, 33, 36, 38, 39, 40, 46, 48, 49, 51, 54, 62, 63, 65, 66, 67, 68, 72, 73, 75, 76, 78, 79, 81, 83, 91, 94, 99, 101, 102, 104, 107, 108, 109, 111, 115, 118, 119, 120, 123, 125, 126, 127, 129, 132, 135, 138, 139; R. Formidable 6; Reshetnyova Oxan 88; RetroClipArt 137; robodread 101; Sarunyu_foto 25; sellingpix 99; shockfactor.de 129; Siarhei Tolak 50; sonia.eps 35; stockshoppe 28; tachyglossus 106; Tancha 15; Tanya K 108; Tarchyshnik Andrei 12; toriru 45; Vectomart 57; vector photo video 128; Vector pro 31; xenia_ok 36; Yesaulov Vadym 79; Ziven 107, 127; zoooooya 58;